CONSEILS D'UN ANCIEN

A UN JEUNE GENDARME

Conseils d'un ancien.

Commandant N...

Conseils d'un Ancien

à un

Jeune Gendarme

Petit Recueil des règles élémentaires de politesse,
de savoir-vivre et de correspondance
à l'usage des militaires de la gendarmerie

(2ᵉ ÉDITION)

CHARLES-LAVAUZELLE & Cⁱᵉ
Éditeurs militaires
PARIS, Boulevard Saint-Germain, 124
LIMOGES, 62, Avenue Baudin | 53, Rue Stanislas, NANCY

1930

1

AVANT-PROPOS.

A toi qui viens d'entrer dans la gendarmerie je dédie ces « Conseils » dont quelques-uns te paraîtront peut-être puérils, mais dont beaucoup te seront sans doute utiles dans bien des circonstances de ta vie privée comme aussi dans l'exercice de tes devoirs professionnels.

De tout temps, on a chansonné et quelque peu ridiculisé le gendarme. N'en prends pas ombrage, car tu peux beaucoup, si tu veux t'en donner la peine, pour faire cesser cet état d'esprit, heureusement bien atténué de nos jours.

Si tes anciens ont prêté parfois le flanc à la plaisanterie, c'est par ignorance qu'ils ont péché. Mais est-ce bien leur faute et peut-on leur en vouloir de ne pas avoir su ce qu'on ne leur a jamais appris?

Certes, les règlements qui vont te dicter ta ligne de conduite en tant que représentant de la force publique ne manquent pas; mais il n'y en a aucun qui t'enseignera tes obligations envers toi-même, ta famille et tes concitoyens, c'est-à-dire en tant qu'homme privé.

Et cette lacune est d'autant plus regrettable que tu ne pourras remplir utilement ta tâche si complexe et conserver toute l'autorité qui s'attache à ta fonction que si tu sais attirer cette considération que l'on a pour celui qui est familiarisé avec ce que j'appellerai les bonnes manières, ou encore les usages et les convenances.

Ce n'est qu'à ce prix que tu éviteras de donner prise aux plaisanteries et aux critiques auxquelles je viens de faire allusion.

Venir à ton aide, est le but que je me propose, encouragé par nombre de tes anciens qui ont eu souvent à déplorer leur ignorance à ce sujet.

Si, par avance, je pouvais t'avoir tiré d'embarras dans une seule circonstance de ta vie, j'estimerais que ce modeste travail n'aura pas été inutile.

Les conseils que j'ai rassemblés à ton intention sont un résumé, écrit sous une forme simple, des règles élémentaires de politesse et de savoir-vivre adaptées au genre de vie spécial du gendarme et de sa famille.

Pour faciliter notre entretien, ils ont été groupés en deux parties, qui se rapportent :

A l'éducation dans la famille et la caserne;

A l'éducation dans la société.

Cet exposé est, en outre, suivi d'un chapitre relatif à la correspondance, comprenant quelques recommandations d'ordre général, ainsi que les règles et principales formules consacrées par l'usage.

CONSEILS D'UN ANCIEN
A UN JEUNE GENDARME

PREMIÈRE PARTIE.

De l'éducation dans la famille et la caserne.

Il n'est pas un gendarme, père de famille, qui ne rêve de voir ses enfants dans une situation supérieure à la sienne.

C'est un rêve très naturel.

Eh bien! si tu veux qu'il se réalise, c'est à toi et à ta femme d'agir tout d'abord en vous efforçant de donner à vos enfants une bonne éducation.

Si vous savez façonner leur âme et leur cœur, s'ils ne reçoivent au foyer que de bons principes, s'ils n'y trouvent que de bons exemples, ils les suivront tout naturellement.

Vous en ferez ainsi des enfants bien élevés que vous verrez travailler de leur mieux, d'abord pour vous faire plaisir, ensuite pour vous faire honneur.

Dès qu'ils seront en âge de comprendre, ils se pénétreront, eux aussi, de l'esprit de devoir qui règne dans toutes nos casernes; ils prendront des habitudes d'ordre et de travail et, pour peu que vous développiez leur amour-propre et leur volonté, vous pourrez être sans inquiétude sur leur avenir, ils sauront se faire dans la vie une situation honorable, quelle que soit la carrière par eux choisie.

Des exemples? Inutile d'aller les chercher bien loin. Ouvre l'Annuaire de l'armée, surtout celui de la gendarmerie, tu en trouveras par douzaines.

Les heureuses modifications apportées récemment au régime des écoles militaires préparatoires permettent aujourd'hui aux fils de gendarmes d'entrer à l'Ecole polytechnique, à l'Ecole de Saint-Cyr, à l'Ecole navale, à l'Ecole du service de santé de Lyon.

Ils sont déjà nombreux ceux qui ont réussi à forcer les portes de ces grandes Ecoles et c'est l'un deux qui, au dernier concours d'admission à Saint-Cyr, a eu l'honneur d'être reçu le premier de la promotion.

Je pourrais même te citer un général d'armée, le général H..., qui ne se cachait point d'être fils de gendarme et qui aimait à manifester sa sympathie à ceux qui portaient le même uniforme que son père.

Ce général, qui faisait le plus grand honneur à notre arme, donnait ainsi un bel exemple de caractère à ceux qui semblent avoir honte de leur origine quand elle est modeste.

J'ajouterai, si tu as le grand mérite d'acquitter l'impôt le plus lourd et aussi le plus utile en élevant une nombreuse famille, que tu en seras récompensé plus tard, si tu as su donner à l'éducation de tes enfants toute l'attention qu'elle réclame.

Frères et sœurs, unis par des liens d'affection d'autant plus solides que la famille est plus nombreuse, se prêteront un mutuel appui pour parvenir aux situations qu'ils pourront ambitionner.

Pour s'élever dans la hiérarchie sociale, ils s'aideront les uns les autres, ils se feront la courte échelle; puis, les premiers arrivés tendront la main aux plus petits ou aux plus faibles et les feront passer à leur tour.

Pour procéder avec ordre, nous allons examiner successivement dans cette première partie ce qui a trait :

à l'hygiène de l'habitation;
à l'hygiène corporelle;
à la tenue à table;
à la vie en caserne.

Hygiène de l'habitation.

Que de temps perdu, que d'argent dépensé inutile-
ment, que de difficultés éprouvées ou causées par
ceux qui vont chercher au dehors les satisfactions de
l'existence!

Le bonheur est dans la vie simple, tranquille, ré
gulière de la maison familiale.

Mais, pour que le foyer attire et retienne, il faut
qu'il soit gai, qu'il soit propre, qu'il soit sain.

Faute d'air et de soleil, le corps, comme les plan-
tes, s'étiole, souffre et meurt.

L'air que nous respirons est donc d'une importance capitale pour la santé.

Dans les locaux habités, il est vicié par la respira-
ration, les produits malodorants et ceux provenant
de la combustion du chauffage et de l'éclairage.

Aérer ces locaux, tous les jours et le plus long-
temps possible, par une large ouverture des fenêtres,
est une nécessité qui s'impose partout.

Si l'exposition de ton logement permet au soleil
d'y pénétrer, ouvre-lui portes et fenêtres toutes grandes. Sa visite t'évitera bien souvent celle du méde-
cin.

L'aération doit être complétée par une exposition
quotidienne au grand air des matelas, des draps et
des couvertures.

La propreté du logement, l'ordre qui doit y régner
sont entièrement du domaine de la maîtresse de maison. C'est son champ d'action, son terrain de manœu-
vre; c'est là qu'elle donne la mesure de ses princi-
paies qualités.

Elle ne doit jamais oublier que l'ordre et l'économie sont deux qualités qui vont toujours de pair et constituent, avec la santé, les principales sources du bonheur.

L'aménagement intérieur d'un logement de gendarme doit donner bonne impression.

Il n'est, du reste, pas besoin d'avoir pour cela un mobilier de prix; des meubles simples suffisent, pourvu qu'ils soient disposés avec goût.

Les jeunes ménages qui ne possèdent qu'un mobilier trop rudimentaire doivent donc s'efforcer de réaliser rapidement quelques économies pour faire les acquisitions qui leur font défaut.

Orne ton logement avec une grande sobriété d'objets et évite d'entasser sur les cheminées, sur les étagères, ces mille futilités qui sont autant de nids à poussière et dont le choix, soit dit sans te froisser, n'est pas toujours d'un goût très sûr.

Quoi de plus réjouissant, de plus reposant pour le mari qui rentre fatigué par son service, que d'être accueilli par le sourire de sa femme et de ses enfants dans un intérieur gai, propre, net, aux meubles bien entretenus, dont l'intérieur est rangé comme pour une parade.

Bien des casernes, hélas! datent d'une époque où l'on se contentait de logements qui ne répondent plus aux exigences actuelles de l'hygiène et même de la morale.

Que de camarades, surtout dans les grandes villes, sont encore obligés de faire coucher dans la même chambre garçons et filles de tous âges.

Puisque l'avenir est plein de promesses pour nous, il est permis d'escompter que ces vieux bâtiments ne tarderont pas à disparaître pour faire place à des constructions dans lesquelles le gendarme trouvera le logement spacieux, clair, aéré qui convient à la dignité de sa fonction.

La mère de famille se plaint quelquefois de ne pouvoir s'occuper de son ménage comme elle le désirerait, étant trop absorbée par les soins que réclament ses enfants.

Entre nous, elle a raison et elle est en droit de compter sur son mari, qui doit se faire un plaisir de lui venir en aide.

Il ne faut pas qu'elle oublie non plus qu'elle a dans ses enfants des auxiliaires bénévoles, qui seront ravis de lui être utiles.

L'enfant est flatté d'être pris au sérieux, et, si ses forces et ses aptitudes ne sont pas toujours à hauteur de sa bonne volonté, il peut néanmoins rendre bien des petits services.

On obtient, en outre, au point de vue de son éducation morale, un résultat plus appréciable encore puisqu'on a ainsi encouragé son goût naturel pour le travail.

Hygiène corporelle.

Notre organisme est recouvert d'un tissu protecteur qui est aussi un auxiliaire du rein et des poumons.

La peau élimine par la sueur de nombreux produits toxiques et elle opère le septième de la respiration totale.

Si l'on supprimait la respiration cutanée, celle qui s'opère par les pores, il se produirait des phénomènes d'asphyxie qui pourraient devenir mortels.

On conçoit donc aisément qu'en raison des importantes fonctions qu'elle remplit, la peau doive être l'objet de soins spéciaux.

Ces soins comprennent des ablutions fréquentes de la figure et des mains, des lavages du corps en entier au moyen de bains chauds ou froids et des douches.

Chaque matin, au réveil, il faut se laver le visage, les oreilles, le cou, à l'eau froide, quelle que soit la température.

L'eau fraîche est un excellent préservatif contre l'action du froid.

Inutile d'avoir recours aux essences et aux poudres, autant de produits pharmaceutiques qui ne valent pas le bon savon ordinaire.

La toilette du visage est suivie de celle de la bouche, des mains et de la chevelure. On doit se laver les dents, se nettoyer les ongles, brosser et peigner les cheveux.

Il ne faut pas perdre de vue que la malpropreté est souvent la cause de maladies de la peau, maladies douloureuses qui défigurent parfois ou se compliquent d'infections pouvant devenir très graves.

Un homme doit aussi se raser fréquemment, en particulier chaque fois qu'il est de service. Rien n'est plus négligé qu'une barbe datant de plusieurs jours.

La plupart des peuples de l'antiquité prenaient leur bain quotidien.

Cet usage n'est guère conservé que par les Orientaux et les Anglo-Saxons.

En France, on se baigne beaucoup moins.

Il est cependant reconnu qu'on ne se baigne jamais trop.

Utilise donc le plus souvent possible, pour toi et pour ta famille, et pour le plus grand profit de votre santé, les baignoires mises à la disposition du personnel dans la plupart des casernes.

Les bonnes habitudes étant plus faciles à prendre quand on est jeune, les parents doivent se montrer très exigeants au point de vue de la propreté corporelle de leurs enfants.

Des enfants de gendarme devraient toujours être remarqués par leur propreté.

L'habillement doit être également l'objet des plus grands soins.

Personne n'est excusable d'avoir du linge ou des vêtements déchirés et malpropres.

Si ceux qui se négligent savaient combien l'opinion est sévère à leur égard, ils se corrigeraient bien vite de ce grave défaut.

La plupart des maîtresses de maison attendent d'avoir fait leur ménage pour procéder à leur toilette.

Cette habitude ne présente d'inconvénients que pour celles qui éprouvent le besoin de sortir en négligé, soit pour faire la causette sur le palier, soit pour faire une course dans le voisinage.

Que celles-là sachent bien que la vue des nattes et

des bigoudis détruit, en quelques secondes, tout le bon effet antérieurement produit par les plus belles toilettes.

J'aurai fini ces brèves recommandations sur l'hygiène en te rappelant, ce que tu sais déjà, que la propreté la plus élémentaire commande de cracher le moins possible et en se servant avec discrétion de son mouchoir.

Les crachats répandus sur le sol, sur les planchers se dessèchent et se mêlent à la poussière qui est le véhicule de tous les microbes.

Pour tousser ou éternuer, on se couvre la bouche avec la main et, mieux encore, avec son mouchoir.

Se moucher est une action qui doit se faire sans bruit et ne doit jamais être un objet de dégoût pour ses voisins.

Est-il nécessaire d'ajouter qu'il est contraire à la propreté de se ronger les ongles, de se gratter la tête, de mettre les doigts dans le nez et dans les oreilles.

De la tenue à table.

L'heure du repas doit être l'heure du repos et de la bonne humeur.

C'est le moment d'oublier ses ennuis, de se réconcilier avec l'existence lorsqu'on a eu quelque raison de s'en plaindre.

Une franche gaieté favorise d'ailleurs l'appétit, et, si l'on trouve beaucoup de grincheux parmi les personnes qui souffrent de l'estomac, on n'en rencontre guère chez ceux qui ont de bonnes digestions.

La gaieté, recommandée à table, ne doit dégénérer ni en plaisanteries et malices déplacées, ni en bavardages inconsidérés.

En famille, il appartient aux parents de rappeler à l'ordre ceux de leurs enfants qui dépassent la mesure.

La tenue, à table, comporte de nombreuses recommandations qui constituent une des parties les plus importantes du savoir-vivre.

L'énumération t'en paraîtra peut-être longue, mais permets-moi d'insister sur l'intérêt qui s'attache à prendre l'habitude de les observer.

On se met à table correctement vêtu et avec les mains propres.

Il est de mauvais ton de prendre ses repas en bras de chemise, même en été; c'est un manque de tenue qui choque et qui est du plus mauvais exemple pour les enfants.

On prend place devant son couvert, ni trop près ni trop loin de la table, sans y appuyer les coudes, sans se renverser sur le dossier de son siège, sans gêner ses voisins.

Pour parler à l'un d'eux, il serait incorrect de tourner le dos à l'autre; on tourne simplement la tête à droite ou à gauche.

On déplie sa serviette et on la met sur ses genoux, non à la boutonnière, et encore moins autour du cou.

Au restaurant, on peut s'en servir pour essuyer son couvert si on en suspecte la propreté; chez des amis, ce serait de la dernière inconvenance.

Pour manger le potage, on ne doit se servir que de sa cuiller; s'il est trop chaud, on ne doit pas souffler pour le refroidir, on le prend par petites cuillerées sur les bords de l'assiette. On l'avale sans bruit, sans le humer. On ne verse pas les dernières gouttes dans sa cuiller. On laisse celle-ci dans l'assiette quand on a terminé.

On ne mord pas dans son morceau de pain, on ne le coupe pas avec le couteau, on le rompt avec les doigts.

La viande se coupe au fur et à mesure que l'on mange, on ne doit pas la couper entièrement en morceaux avant de commencer.

On ne porte pas les os à la bouche avec les doigts, on enlève la chair qui se trouve dessus avec la fourchette et le couteau.

Ce qui ne se mange pas est laissé sur le bord de l'assiette et n'est jamais jeté sous la table.

Le poisson se mange avec la fourchette seulement, sans se servir du couteau; il est de règle de changer de fourchette après le poisson, car elle donnerait mauvais goût au plat suivant.

Pour manger un œuf à la coque, on enlève le chapeau en brisant la coquille tout autour, à petits coups donnés avec la pointe de sa fourchette ou de sa cuiller, jamais avec le couteau.

Lorsque l'œuf est vide, on écrase la coquille avec le coquetier ou la cuiller, pour l'empêcher de rouler, et on la laisse ainsi dans l'assiette.

On ne doit pas manger avec avidité, on se règle sur ses voisins, de façon à ne pas avoir son assiette vide quand les autres convives ont à peine commencé.

Le sel se prend avec la cuiller à sel ou la pointe de son couteau, jamais avec les doigts.

Le fromage se coupe par morceaux qu'on place sur chaque bouchée de pain, on ne les porte pas à la bouche avec le couteau.

Il est grossier de mordre dans des fruits entiers.

Il faut se servir de son couteau pour les partager et les peler avant de les manger.

Lorsqu'on dispose d'une fourchette à dessert, on s'en sert pour les peler et les porter à la bouche.

Pour peler une pomme ou une poire, on la partage d'abord en quatre quartiers, que l'on pèle l'un après l'autre.

Les noyaux ne se crachent pas dans l'assiette, on les prend dans la main, que l'on porte à demi-fermée à la bouche.

Lorsqu'on partage un fruit avec quelqu'un, on offre toujours le côté où se trouve la queue ou le noyau.

Il est très incorrect de parler et de boire la bouche pleine.

On s'essuie la bouche avant de boire et après avoir bu.

On évite, à la fin du repas, de laisser dans son verre du vin ou de l'eau qui peut se renverser.

Le café se boit dans la tasse, on ne le verse pas dans la soucoupe. S'il est trop chaud, on le laisse refroidir.

Conseils d'un ancien.

En résumé, le savoir-vivre exige que l'on mange avec la plus grande propreté.

En famille, lorsque le repas est terminé, chacun doit plier sa serviette. Un invité la place, non pliée, à côté de son assiette.

Ce n'est pas dans nos casernes que se donnent des repas de cérémonie.

Il pourra cependant t'arriver de réunir à ta table des parents ou des amis à l'occasion d'un événement heureux : une naissance, une communion, une remise de médaille, etc.; tu pourras aussi recevoir une invitation qui te fera te rencontrer avec d'autres invités.

Il n'est donc pas superflu de t'indiquer les règles essentielles auxquelles il sera bon de te conformer.

Les invitations se font cinq ou six jours à l'avance, de vive voix ou par écrit.

L'invité doit répondre au plus tôt s'il accepte ou refuse; dans ce dernier cas, il exprime ses regrets en donnant un motif plausible. En te parlant de la correspondance, je te donnerai, à titre d'exemple, une formule d'acceptation ou de refus.

Lorsqu'on a accepté une invitation, il faut s'astreindre à être très exact.

On doit arriver environ un quart d'heure ou dix minutes avant l'heure fixée, arriver plus tôt peut gêner la maîtresse de maison qui a beaucoup à faire à ce moment-là; arriver trop tard est plus regrettable encore.

Le couvert est dressé avant l'arrivée des convives.

Le maître et la maîtresse de maison se placent généralement au milieu de la table, l'un en face de l'autre.

La maîtresse de maison place ses invités suivant leur rang ou leur âge, les places d'honneur sont, pour les hommes, à sa droite et à sa gauche, pour les femmes, aux côtés du maître de maison.

Tout en respectant les préséances, il est bon de rapprocher les personnes qui se connaissent le mieux.

La place de chacun peut aussi être indiquée par un menu ou un carton à son nom, placé sur chaque couvert.

Les invités doivent attendre, pour s'asseoir et sortir de table, que la maîtresse de maison l'ait fait elle-même.

Un homme bien élevé doit être prévenant pour ses voisins, veiller, mais sans affectation, à ce que rien ne leur manque.

Les personnes âgées doivent être l'objet d'une sollicitude toute particulière.

Je t'exposerai plus loin les règles relatives à la conversation.

Cependant, je tiens à te signaler dès maintenant que la bonne chère et le bon vin prédisposent souvent à des récits, à des propos un peu lestes, qui peuvent dépasser les limites permises par la bonne éducation si l'on n'y prend garde.

Je te signale cet écueil, qui peut avoir des conséquences graves lorsque ces propos risqués sont tenus devant des enfants. On se dit qu'ils sont trop jeunes, qu'ils n'écoutent pas, qu'ils ne peuvent comprendre et, un beau jour, on se trouve tout étonné en s'apercevant qu'ils ont parfaitement entendu et fort bien compris.

Je te le répète, celui qui commet une telle faute se rend très coupable.

Je terminerai ce chapitre en disant qu'on doit recevoir ses invités avec cordialité et prévenance, les traiter de son mieux, afin qu'ils gardent le meilleur souvenir des moments passés à notre table.

Ainsi que l'a écrit Brillat-Savarin, le roi des gastronomes, dans son livre célèbre sur la *Physiologie du goût*, « convier quelqu'un, c'est se charger de son bonheur tout le temps qu'il est sous notre toit ».

De la vie dans la caserne.

Pour le bien du service et la dignité de l'arme, dit le règlement, le bon accord doit régner entre les différents ménages d'une même caserne.

C'est une vérité qui ne devrait pas avoir besoin d'être démontrée.

Deux gendarmes qui vivent en mauvais termes ne peuvent bien remplir leur devoir quand ils sont de service ensemble, et il n'est pas douteux que la considération de l'arme peut avoir à souffrir d'un désaccord entre les ménages, lorsqu'il est connu du public.

Tout le monde sait aussi que la mésentente crée parfois des situations très compliquées et peut amener des sanctions très graves.

Puisque l'intérêt général aussi bien que l'intérêt particulier rendent indispensable la bonne harmonie dans les casernes, chacun doit faire effort pour l'y maintenir.

Est-il donc si difficile de vivre en bons termes avec ses voisins?

Je te répondrai sans hésiter que rien n'est plus simple entre gens bien élevés.

Examine les causes des conflits qui surviennent, tu trouveras presque toujours à la base un incident sans importance, aggravé dans la suite par le manque d'éducation de l'une ou des deux parties.

On s'est formalisé pour un rien, un geste, une parole mal interprétés et cela suffit pour faire naître un état de guerre pendant lequel on use souvent de procédés que n'emploieraient pas des gens polis.

C'est ainsi que des familles vivent, de longues années parfois, une existence empoisonnée, alors que la vie est si belle là où les rapports entre ménages sont basés sur des sentiments de respect, de confiance, d'estime et d'amitié.

De vrais gendarmes doivent s'efforcer d'acquérir les bons principes qui peuvent leur faire défaut, s'appliquer à les mettre en pratique et s'acquitter des obligations mutuelles qui s'imposent, par la nécessité de la vie en caserne, à des hommes qui remplissent les mêmes devoirs, qui sont animés des mêmes sentiments, qui honorent les mêmes vertus.

Ils doivent observer entre eux les règles de politesse qui sont d'usage dans toutes les relations de la société.

Le matin, le soir, ils échangent le salut et exigent que leurs enfants donnent le même témoignage de respect à toutes les personnes de la caserne.

Si les plus polis saluent toujours les premiers, c'est aux plus jeunes d'âge que doit revenir l'initiative du geste.

Les hommes ont la même obligation vis-à-vis des femmes.

Dans les escaliers, les enfants cèdent la rampe aux grandes personnes, les hommes observent la même règle à l'égard des femmes, et les plus jeunes de celles-ci s'effacent à leur tour devant les plus âgées.

Se rencontre-t-on devant une porte? Le plus poli l'ouvre, puis cède le pas.

Recherche toutes les occasions de rendre service à tes camarades.

Sois bon pour ton prochain, compatis à ses ennuis, à ses souffrances; tu établiras ainsi, avec les meilleurs, une amitié solide en même temps que tu éprouveras de grandes satisfactions intérieures.

Dans tes paroles, dans tes actions, n'offense per-

sonne, souviens-toi constamment de ce précepte :
« Ne faites pas à autrui ce que vous ne voudriez pas
qu'on vous fît. »

Il est bon de se rappeler que nous ne sommes pas
parfaits.

Nous avons tous des faiblesses, des imperfections,
je pourrais même dire des défauts.

Il n'est donc pas mauvais de faire de temps en
temps un petit examen de conscience, qui nous aidera
à nous montrer plus conciliants et mieux disposés à
excuser, chez les autres, des travers peut-être moins
graves que les nôtres. Nous arriverons ainsi à nous
faire plus facilement des concessions.

Tu conviendras que la vie en caserne a le gros avan-
tage de t'éviter les soucis de la recherche du logement,
et surtout ceux qu'éprouvent tous les locataires à l'ap-
proche du terme.

Cette seule raison mérite bien que chacun fasse
effort pour supporter, quand il s'en produit, les petits inconvénients de la vie en commun.

Montre avec tous une franchise sans détours et,
s'il survient quelque malentendu, quelque con-
trariété, sache prendre sur toi de provoquer la ré-
conciliation.

La franchise et la droiture qui caractérisent les
cœurs honnêtes, comme ils doivent l'être tous dans
la gendarmerie, te rendront facile cet acte de cou-
rage. N'hésite pas à faire la première avance, tu en
auras tout le mérite.

Si tu as des enfants, veille à ce qu'ils prennent leurs
ébats sans être une cause de gêne pour les voisins.

Si tu es privé du bonheur d'en avoir, sache comprendre que les petits aiment le bruit, qu'ils ont besoin de mouvement et efforce-toi d'être tolérant à leur
égard.

Pour vivre en bons termes avec tes camarades, il

n'est pas nécessaire de vivre dans leur intimité. Je dirai plus, l'expérience a démontré que les discordes les plus graves sont celles qui naissent entre les ménages ayant vécu dans la plus grande familiarité.

Et cela se comprend. Dès que l'on devient très familier, on se fait des confidences, on ne se cache rien de ce qui constitue l'intimité du ménage et, lorsque la brouille survient, on se fait une arme de tout ce qu'on a appris.

Dans cet ordre d'idées, un chef de brigade doit se montrer plus prudent encore que ses hommes, afin que son impartialité ne puisse jamais être suspectée.

Si, par suite de circonstances particulières, il estime ne pouvoir refuser une invitation qui lui est faite par l'un d'eux, il devra s'efforcer de rendre la politesse dès que possible, de façon à reprendre ainsi toute son indépendance.

Vivre chez soi, en entretenant avec ses voisins des rapports de bonne et cordiale amitié, est le meilleur moyen de rester en bons termes avec tous.

Enfin, sois simple avec tes camarades, évite les luttes d'amour-propre (conseil qui s'adresse surtout aux femmes), car c'est un genre de rivalité qui aboutit d'abord à des froissements et finit par avoir raison de la meilleure amitié.

DEUXIÈME PARTIE.

De l'éducation dans la Société.

La mission qui t'est confiée devient chaque jour plus importante et plus complexe.

Demain, de nouvelles lois militaires exigeront de toi davantage encore.

Dès ton arrivée, tu as pu constater que, pour remplir actuellement sa tâche, le gendarme pénétrait dans tous les milieux, dans toutes les classes de la société.

Il est donc indispensable, ainsi que je l'indiquais au début de notre entretien, que tu saches te comporter partout de telle façon que rien ne vienne diminuer ton prestige ni porter atteinte à ta dignité.

Autrement dit, ton attitude et ton langage ne devraient jamais donner prise à la critique, et encore moins te faire courir le risque de paraître ridicule.

Tu verras qu'avec un peu d'attention c'est chose facile et que la pratique de la politesse et des règles de bienséance dont je vais te parler devient vite naturelle.

Nous allons voir ensemble ce qui concerne :

les visites et présentations;

le maintien;

la conversation;

l'exécution du service.

Visites et présentations.

Le Règlement fait une obligation aux chefs de postes externes de se présenter, en arrivant dans leurs brigades, aux autorités de leur circonscription avec lesquelles ils doivent entretenir des relations de service.

Cet usage, dicté par la bienséance, est de règle chez tous les fonctionnaires. Ces visites s'appellent visites d'arrivée.

En raison de la répercussion qu'aura ce premier contact sur ses relations futures, le chef de poste doit s'attacher à produire la meilleure impression possible.

Il surveillera donc sa tenue, son attitude et sa conversation. Il ne perdra pas de vue que, s'il convient d'être très correct, il faut éviter l'obséquiosité.

Au cours de l'entretien, il se montrera réservé, c'est-à-dire qu'il évitera d'être trop loquace, de parler à tort et à travers, de faire des déclarations de principe sur la façon dont il comprend le service. Il se rappellera qu'il est toujours sage d'attendre et de voir venir.

Les visites d'arrivée sont courtes, leur durée est habituellement de dix à quinze minutes.

A la résidence, elles peuvent se faire dans la matinée ou l'après-midi, en respectant l'heure des repas.

Dans les communes externes, elles se font à l'occasion des premiers services qui y sont exécutés.

Une carte de visite dont on a plié un des coins est

déposée au domicile des personnes absentes; la carte cornée signifie que l'on s'est présenté en personne.

La politesse exige que l'on rende toutes les visites que l'on reçoit.

Un chef de poste peut recevoir au bureau de la brigade les autorités qui viennent lui rendre ou lui faire une visite; les gendarmes présents doivent se retirer par discrétion, sans y être invités.

Les gendarmes ne font pas de visites d'arrivée, il appartient au chef de brigade de saisir toutes les occasions pour les présenter au plus tôt aux autorités.

Les présentations se font d'après des règles qu'il importe de connaître.

On ne présente pas un supérieur par le grade ou la situation à un inférieur, une femme à un homme, un vieillard à un jeune homme.

La présentation se fait dans l'ordre inverse.

Ex. : Monsieur le Maire ou Monsieur le Juge de paix, je vous présente le gendarme X...

On ne tend la main que si la personne à qui l'on est présenté vous offre la sienne.

On ne doit pas davantage tendre la main le premier à un supérieur, à une femme, à une personne occupant dans la société un rang plus élevé que le sien.

Une femme fonctionnaire ne tend pas la main à ses chefs.

La façon de serrer la main est également un signe de bonne éducation.

Il ne faut ni la serrer fortement, ni la secouer, ni l'abandonner mollement.

La poignée de main doit être franche et sans brusquerie. Trop courte, elle est impolie; trop longue, elle témoigne d'une familiarité qui n'est permise qu'entre intimes.

Les gendarmes ne sont pas en position de faire ou de recevoir des visites mondaines.

Il n'en sera donc pas question ici.

Je t'indiquerai simplement, pour le cas où cela pourrait t'intéresser, qu'il est d'usage, dans la bonne société, de faire une « visite de remerciements » dans les huit jours qui suivent un dîner ou une soirée.

Lorsqu'il se trouve un malade dans une famille avec laquelle on est en relations, on doit faire prendre de ses nouvelles ou venir en prendre soi-même.

Lorsqu'on est introduit auprès du malade, la visite est généralement courte, en s'attardant on risquerait de le fatiguer.

Après un décès, on fait, dès que possible, une « visite de condoléances ».

Un militaire entre dans un salon ou dans la pièce où il est reçu en tenant son képi à la main, il va directement saluer la maîtresse de maison en inclinant légèrement la tête et le haut du corps et il salue ensuite de la même façon les autres personnes qu'il connaît avant d'aller prendre le siège qui lui est indiqué.

Ces salutations sont renouvelées en sortant.

Du maintien.

La recommandation faite aux chefs de brigade de surveiller leur maintien au cours de leurs visites d'arrivée est d'ordre général, elle s'adresse à tous ceux qui ont le souci de se montrer bien élevés.

Une personne que l'on voit pour la première fois est jugée d'après sa mise et son attitude.

Un air gauche, une figure renfrognée, un extérieur négligé produisent mauvaise impression; une allure aisée, un visage aimable, une tenue ou une toilette soignées plaident au contraire en votre faveur.

La raideur du maintien est souvent une manifestation de vanité ou d'orgueil; une attitude nonchalante indique la négligence et le laisser-aller.

Debout, il faut éviter de se tenir courbé, de s'appuyer négligemment contre les murs, les meubles, le siège de quelqu'un.

Assis, il faut s'efforcer d'avoir une attitude naturelle et modeste, ne pas s'asseoir de travers, ne pas s'accouder sur une table, ne pas se renverser sur son siège, ni balancer ou croiser les jambes.

Il est de mauvais ton de parler bas ou d'avoir des inflexions de voix trop élevées.

Les convenances interdisent également de témoigner sa joie par des éclats de rire sonores ou des battements de mains bruyants.

Dans la rue, la correction de l'attitude et de la tenue s'impose davantage encore, puisqu'elle est observée par tous les passants.

Celui qui se tient mal, qui porte le képi en arrière ou incliné sur l'oreille comme certains individus portent la casquette, se fait mal juger par le public qui a malheureusement tendance à généraliser.

Un gendarme qui a de la dignité doit avoir la préoccupation constante de faire toujours honneur à son uniforme.

Lorsqu'on accompagne un supérieur ou une personne à qui l'on doit du respect, on se place à sa gauche; sur le trottoir, on se tient du côté de la chaussée.

Dans un tramway, lorsque les places assises font défaut, un homme de bonne éducation cède la sienne aux femmes et aux personnes âgées.

En public, un militaire salue les personnes qu'il connaît du salut réglementaire, sans raideur, en accompagnant le geste d'une légère inclinaison de tête lorsque la politesse s'adresse à une femme.

Le salut rapide, à peine ébauché, est incorrect.

Lorsqu'on est arrêté par une femme que l'on connaît, on la salue en ôtant son képi que l'on garde à la main jusqu'à ce qu'elle vous invite à vous couvrir. Une femme bien élevée doit, du reste, faire cette invitation de suite.

Dans un lieu de réunion, une salle publique, un militaire qui n'est pas de service se découvre.

Etant découvert, le salut se fait, je te l'ai déjà indiqué, par une légère inclinaison de la tête et du buste, même quand il s'adresse à un supérieur.

Sans coiffure, on ne doit jamais faire le salut militaire.

C'est une recommandation importante sur laquelle j'attire spécialement ton attention.

Je puis t'assurer que, quel que soit son grade, le militaire qui l'ignore risque d'être mal jugé.

En société, il s'exposera au ridicule et, par suite, y perdra un peu de sa dignité.

De la conversation.

C'est dans le langage, beaucoup plus encore que dans l'attitude, que se manifeste le sentiment de la dignité personnelle.

Un homme qui se respecte n'emploie jamais d'expressions triviales ni de termes grossiers et surtout obscènes.

Son langage est toujours convenable et décent.

En entrant dans la gendarmerie, il faut laisser à la porte de nos casernes tout le vocabulaire spécial usité dans les milieux vulgaires.

Ceci ne veut pas dire qu'on doive rester constamment dans une attitude réservée.

Dans la vie, il faut savoir faire à la gaieté la place qui lui revient et l'on peut être très digne sans être ennemi de la plaisanterie.

Il importe seulement de veiller à ne pas tomber dans l'exagération.

Une plaisanterie doit rester fine et inoffensive; dès qu'elle dégénère en grossièreté, elle est inconvenante.

Permise entre égaux, elle est à éviter avec des supérieurs, afin de ne pas se laisser entraîner au delà des limites fixées par le respect.

Enfin, il faut savoir plaisanter sans prendre la mauvaise habitude de se moquer des autres; la moquerie, dit-on, est l'esprit des sots.

Tracer toutes les règles de la conversation serait une tâche difficile et délicate.

Je vais me borner à te rappeler quelques principes généraux qui trouvent leur application dans tous les milieux.

Dans la conversation, il faut avant tout rester simple et naturel.

Ne point chercher à faire étalage de ses connaissances ni de ses qualités, on aura vite fait de les découvrir.

Ordinairement, les gens qui savent beaucoup parlent peu; les bavards sont souvent ceux qui savent le moins.

L'homme de bon sens est celui qui sait écouter.

Il est très incorrect d'interrompre celui qui parle.

Entre gens bien élevés, tout démenti est une grossièreté.

Si le souci de la vérité oblige à faire une rectification, il est toujours facile de la présenter poliment.

Il ne faut pas davantage, sous prétexte de franchise, prendre plaisir à dire des vérités désagréables.

Lorsqu'on a mal entendu ou mal compris, on ne pose pas de questions comme celles-ci : « Qu'est-ce que vous dites? Quoi? Hein? » On dit : « Pardon? » ce qui signifie : « Vous plairait-il de répéter? Excusez-moi, je n'ai pas bien compris. »

En société, il est inconvenant de parler à quelqu'un à voix basse, d'écouter des personnes qui causent à l'écart, de rire en particulier, de regarder sa montre et de manifester de l'ennui lorsqu'une personne parle.

Il faut savoir être patient avec les personnes âgées qui peuvent avoir de la difficulté à parler, ou qui se complaisent dans les détails de leurs récits.

Dans une énumération de personnes dont on fait partie, on doit toujours se nommer le dernier; on dira : « Durand, Dupont et moi. »

Les enfants ne doivent intervenir dans une conversation de grandes personnes que s'ils y sont invités.

Bien des parents ont le travers d'aimer à produire

leurs enfants. En famille, ce que racontent les petits paraît toujours charmant au père et à la mère, mais c'est souvent sans attrait et sans intérêt pour des étrangers.

Enfin, il existe un certain nombre d'expressions consacrées par l'usage pour parler des siens et des personnes.

Il est indispensable de les bien connaître. Je te les signale d'une façon toute spéciale, car il y a beaucoup de camarades qui les ignorent.

Un mari ne doit jamais dire, en parlant de sa femme : « Mon épouse », mais simplement : « Ma femme ».

La femme dit : « Mon mari », et non « Mon époux », ou « X... » tout court.

Lorsqu'on parle à quelqu'un de sa femme, — appelons cet interlocuteur M. Martin, — on dit : « Madame Martin », et non « Votre épouse » ou « Votre femme ».

De même, on ne dira pas : « Votre demoiselle », mais « Mademoiselle Martin », ou « Mademoiselle votre fille ».

Une dame ne doit pas dire : « Quand j'étais demoiselle », mais : « Quand j'étais jeune fille ».

En parlant de leurs enfants, les parents ne disent pas : « Ma demoiselle », « Mon gamin », « Mes gosses »; mais : « Ma fille », « Mon fils », « Mes enfants ».

On ne dit pas : « L'adjudant vient de sortir avec sa dame et sa demoiselle. » On doit dire : « L'adjudant vient de sortir avec sa femme et sa fille. »

Contrairement à ce que l'on craint, ce n'est pas manquer de respect à une personne que de l'appeler la femme ou la fille de quelqu'un.

« La dame du gendarme X... », « la dame du maire » sont des expressions entendues à tout instant dans nos casernes, alors que, d'après les usages, on doit

Conseils d'un ancien.

« La femme du gendarme X... », « la femme du
..e   », ou bien « Madame X... », « Madame Z... ».

Bien qu'animées souvent des meilleures intentions
du monde, les personnes qui commettent les erreurs
que je viens de te signaler se délivrent elles-mêmes
un brevet de rusticité.

Je ne veux pas terminer ce chapitre de la conversation sans te parler des communications téléphoniques,
devenues courantes dans la gendarmerie.

Soit par inexpérience, soit par maladresse, beaucoup de gendarmes produisent une impression fâcheuse lorsqu'ils répondent à un appel.

Il convient d'avoir, au téléphone comme dans une
conversation ordinaire, un langage correct et d'éviter
surtout de prendre une grosse voix et encore moins
un ton bourru.

On dira : « Ici la gendarmerie de..... A qui ai-je
l'honneur de parler?..... Bien Monsieur..... Je vous
écoute..... Oui Monsieur..... Non Monsieur..... »; et
non pas : « Qu'est-ce qu'il y a?.... Que dites-vous...?
Oui..... Non..... ».

Toute personne qui téléphone à la gendarmerie doit
pouvoir penser : « Le gendarme qui a reçu ma com-
munication est un homme aimable et poli. »

Dans le service.

Si la pratique des usages qui caractérisent les gens bien élevés est recommandée au gendarme aussi bien dans la famille et la caserne que dans ses relations extérieures, tu comprendras qu'elle doit également dicter son attitude et guider ses actes lorsqu'il assure la police répressive qui constitue la partie la plus importante et aussi la plus ingrate de ses fonctions.

Pour découvrir un individu qui cherche à échapper à la justice, pour conduire à bonne fin une enquête difficile, les gendarmes sont obligés de faire appel au concours des personnes qui sont en mesure de les renseigner.

Sans cette collaboration, les recherches les plus zélées, les investigations les plus intelligentes ne pourraient aboutir.

On trouve partout des braves gens qui consentent volontiers à se faire nos auxiliaires, mais il y en a davantage qui ne tiennent pas à être mêlés aux affaires de justice, qui manquent de caractère et ne livrent ce qu'ils savent qu'avec beaucoup de réticences.

Pour obtenir de ces derniers les renseignements qu'ils peuvent fournir, il faut, dit une instruction récente, « savoir les persuader, leur inspirer confiance par la dignité de notre vie et par l'honnêteté de nos actes ».

Cette condition préalable sera toujours remplie par ceux qui possèdent une bonne éducation.

Il est bien certain qu'on te fera toujours bon accueil si tu es digne, correct, poli, affable, alors qu'un camarade à l'écorce rude, au langage grossier, au ton autoritaire mettra immédiatement les personnes interrogées en défiance et n'en obtiendra que des renseignements incomplets, si encore elles veulent bien lui en donner.

Ici j'ouvre une parenthèse.

Etre affable ne veut pas dire qu'il faille chercher à se faire partout des amis; ce serait s'exposer à un grave danger sur lequel je désire attirer ton attention. Dans la plupart des campagnes, on considère que la visite d'un ami oblige à trinquer; l'hiver « ça réchauffe », l'été « ça rafraîchit ».

Le refus de prendre un verre équivaut à un affront.

C'est ainsi qu'au cours de leurs tournées, des gendarmes trouvent fréquemment l'occasion de boire et que, petit à petit, certains en prennent l'habitude.

On te fera des théories sur l'alcoolisme et ses dangers, on te dira les répercussions d'ordre physique et moral qu'il a généralement sur l'individu et sur la famille, on te dira surtout que le gendarme qui contracte la funeste passion de boire est indigne de porter notre uniforme.

C'est là où je voulais en venir afin de te mettre en garde à mon tour.

Je te demande de me croire sur parole, moi qui te veux du bien, lorsque je t'affirme que, tôt ou tard, le gendarme qui boit finit par être l'objet de sanctions toujours très graves.

Je pourrais te citer maints exemples de punitions d'arrêts de rigueur, de changements de résidence d'office, de révocations. Que dis-je? J'ai connu un suicide!

Prends donc la ferme résolution de ne jamais t'aventurer sur cette pente fatale.

Lorsqu'on t'offrira à boire, refuse sous un prétexte quelconque.

Si tu éprouves le besoin de te désaltérer, offre-toi une consommation, ton porte-monnaie t'empêchera ainsi tout excès et tu conserveras cette chose précieuse qui fait surtout ta valeur : ton indépendance.

La politesse, qui facilite les enquêtes et les recherches, doit aussi dicter ton attitude lorsque tu te trouves dans l'obligation de verbaliser contre les nombreux contrevenants que tu rencontres, surtout contre les automobilistes qui ont déjà tendance à se plaindre de tout ce qui les ralentit dans leur course.

On peut être ferme tout en étant poli.

« Monsieur, dira au contrevenant le gendarme bien élevé, pour telle raison..... je suis obligé de vous dresser procès-verbal. Veuillez, je vous prie, me faire connaître votre identité. »

Puis, lorsqu'il aura pris tous les renseignements qui lui sont nécessaires : « Je vous remercie, Monsieur. »

Il est bien évident que le contrevenant qui se sera vu dresser procès-verbal, même sur un ton très correct, n'en sera pas moins fort mécontent.

N'accorde-t-on pas vingt-quatre heures à tout condamné pour maudire ses juges!

Mais sois assuré qu'avec le temps, la correction de ton attitude lui fera comprendre qu'en verbalisant contre lui tu n'as fait qu'obéir à ton devoir et, bien souvent, il ne t'en voudra pas.

Par contre, des injonctions trop impératives, des paroles acerbes produiront un effet contraire, sans compter qu'elles risqueront parfois de provoquer l'outrage.

Le mode plaisant peut conduire au même risque.

Tu trouveras des camarades qui ironisent volontiers, qui cherchent à faire de l'esprit au détriment des personnes tombées entre leurs mains.

C'est mal. D'abord c'est une lâcheté, puisque le gendarme abuse de son pouvoir et de sa force contre un adversaire désarmé.

Ensuite, c'est une mauvaise habitude dont peut être victime celui qui l'a contractée lorsqu'il se trouve en présence de quelqu'un qui n'aime pas qu'on se moque de lui et qui riposte.

Très fâcheuse situation, surtout en public, de laquelle le gendarme ne peut sortir qu'en sévissant dans des conditions qui lui attireront des ennuis ou qu'en se retirant sous les regards moqueurs qu'il aura provoqués.

S'agit-il de procéder à une arrestation?

Sois énergique autant qu'il le faut, mais évite toute rigueur inutile, tout mouvement d'humeur.

Bannis le tutoiement, même à l'égard des pauvres diables, la politesse ne l'autorise qu'entre camarades et entre amis.

Ainsi que l'a écrit le commandant Cochet de Savigny, il ne faut jamais oublier les égards que l'on doit au malheur, ni faire taire les sentiments d'humanité qui distinguent les hommes de bien.

En un mot, ne compromets jamais ta dignité et prouve aux malheureux que tu as du cœur.

Tu resteras ainsi dans la tradition de nos grands anciens, qui ont inspiré au général Ambert les pages merveilleuses qu'on ne peut lire sans fierté et sans émotion.

TROISIÈME PARTIE.

De la correspondance.

Lorsqu'on parle, il est toujours possible de se reprendre pour atténuer une erreur ou une faute de langage; une lettre partie ne se rattrape pas et peut alors constituer un témoignage permanent de notre manque d'instruction et de l'insuffisance de notre éducation.

En ce qui concerne la correspondance, c'est l'application de ce proverbe bien connu : « Les paroles s'envolent, les écrits restent. »

Dans la correspondance, plus que dans la conversation ordinaire, on doit donc se montrer difficile dans le choix des expressions et respecter davantage encore les règles établies par l'usage.

Aujourd'hui, tout le monde est obligé d'écrire, soit pour donner de ses nouvelles, soit pour traiter une affaire, soit pour présenter une demande, soit pour bien d'autres raisons.

Or, je ne crois pas me tromper en disant que beaucoup de gendarmes se trouvent embarrassés quand ils ont à écrire une lettre sortant de leur correspondance habituelle.

Le choix de l'en-tête et de la finale, pour ne citer que ces deux difficultés, exige, il est vrai, la connaissance de formules qui ne s'inventent pas.

Aussi, ai-je pensé qu'il pouvait t'être utile de réunir ici les règles qui s'imposent à quiconque ne veut pas courir les risques que je viens de t'indiquer.

Cet exposé comprendra des recommandations d'ordre général, puis les en-têtes et finales de lettres les plus usités et enfin quelques formules pour la correspondance par cartes de visite.

Les lettres.

***

Les lettres correctes, sérieuses, s'écrivent sur du papier blanc, à double feuillet, de format ordinaire; les personnes en deuil peuvent faire usage d'un papier à bordure noire.

Le papier de fantaisie n'est employé que dans la correspondance intime.

Les feuilles de lettres à en-tête réglementaire sont exclusivement réservées à la correspondance officielle.

On n'écrit pas sur une carte postale à une personne à qui l'on doit du respect.

Le lieu et la date du jour où l'on écrit se portent en haut de la feuille.

L'en-tête (Monsieur, Cher Monsieur) s'écrit sur une ligne isolée, le texte de la lettre commence à une certaine distance en dessous.

L'en-tête se place d'autant plus bas qu'on veut marquer plus de respect au destinataire.

Autrefois, on laissait toujours une marge; aujourd'hui, beaucoup de personnes la suppriment; pour rester dans un juste milieu, on peut en laisser une réduite à un ou deux travers de doigt.

Une lettre écrite sans alinéa a vilain aspect et est difficile à lire; on doit aller à la ligne chaque fois qu'on change de sujet.

C'est une mauvaise habitude que de passer de la première à la troisième page pour revenir ensuite à la deuxième.

Il faut éviter de terminer la lettre en écrivant seulement la formule de salutation en tête d'une page.

L'écriture doit être bien lisible.

Il est incorrect d'envoyer une lettre avec des taches, des ratures, des renvois; il vaut mieux la recommencer.

Il faut également écrire l'adresse très lisiblement, donner des indications précises et respecter l'orthographe des noms.

On ne met pas de timbre pour une réponse dans les lettres adressées à des personnes avec lesquelles on est en relations. Cela ne se fait que lorsqu'on demande un service ou un renseignement à des correspondants occasionnels.

La signature doit être personnelle, sans pour cela être compliquée de fioritures et d'enjolivures exagérées qui la rendraient complètement illisible.

Un homme signe de son nom avec ou sans l'initiale de son prénom. Les personnes jouissant d'une certaine notoriété écrivent souvent leur prénom en entier.

Une femme signe du nom de son mari, précédé de l'initiale de son prénom ou du prénom tout entier lorsqu'elle écrit à des intimes.

Une veuve n'indique sa situation de veuve que dans la signature d'actes officiels.

Toute lettre demande une réponse; il est aussi incorrect de ne pas répondre à une lettre que de faire le sourd lorsqu'on nous parle.

Mistral, le grand poète provençal auteur de *Mireille*, éprouva une telle déception en ne recevant pas de réponse à un envoi de ses premiers sonnets que, pour éviter la même peine à ses correspondants, il prit la résolution, qu'il tint toute sa vie, de répondre le jour même à toute lettre qu'il recevrait.

Je t'indique, ici, que les convenances exigent l'envoi d'une lettre de remerciements :

aux personnes qui nous ont obligés à un titre quelconque;

à celles qui nous ont fait un cadeau;

aux parents et aux amis qui nous ont reçus à leur table ou sous leur toit.

Quoi de plus naturel que de remercier ceux qui nous ont rendu service ou fait plaisir, quoi de plus agréable que de leur exprimer en même temps les sentiments de reconnaissance, d'amitié ou d'affection que nous éprouvons à leur égard.

DU STYLE.

La lettre est une conversation écrite. On doit s'exprimer comme on le fait de vive voix, c'est-à-dire être simple, clair et naturel, poli avec des étrangers, respectueux avec des supérieurs, des femmes, même d'un rang inférieur au sien, des vieillards; familier et affectueux avec des parents et des amis.

Rester simple et naturel, c'est éviter les phrases ronflantes et prétentieuses; c'est se garder d'employer des mots, des termes recherchés, dont on ne connaît pas très bien la signification.

Celui qui veut faire de l'effet en plaçant un mot, une expression dont le sens exact lui échappe a beaucoup de chances de se tromper et d'obtenir ainsi un résultat contraire.

Il faut bien savoir ce que l'on veut dire et le dire tout simplement.

LES EN-TÊTES.

La façon de commencer et de terminer une lettre est chose très importante, qui fait souvent juger de l'éducation de l'auteur.

Les formules employées sont nombreuses; elles varient suivant les sentiments d'affection et d'amitié, la nature des relations, la situation des correspondants.

Celles employées entre membres d'une même famille

sont trop courantes pour qu'il soit besoin de les rappeler.

A un inconnu, un étranger, un fournisseur, on écrira :

« Monsieur ».

A un égal (suivant le degré d'intimité) :

« Mon cher camarade »;

« Monsieur »;

« Cher Monsieur ».

A un ami :

« Cher ami »;

« Mon cher X... »;

« Mon cher Robert ».

L'expression : « Mon cher Collègue » est laissée aux fonctionnaires civils.

Sous la plume d'un militaire, les mots : « Mon cher Camarade » expriment les sentiments de cordialité et d'estime que doivent avoir les uns pour les autres tous ceux qui portent l'uniforme.

Une femme, s'adressant à une autre femme, suivra la même gradation à l'exclusion — bien entendu — de : « Mon cher Camarade » et : « Mon cher X..... ».

A un supérieur :

Lorsqu'on écrit à un officier ou à un assimilé, on emploie les termes définis par le service intérieur au chapitre « Appellations ».

Il est bon de savoir que, dans la marine, les appellations sont les suivantes :

Enseigne de vaisseau de 2e et 1re classes (un et deux galons) : lieutenant;

Lieutenant de vaisseau (trois galons) : capitaine;

Capitaine de corvette (quatre galons) : commandant.

Capitaine de frégate (cinq galons dont deux en argent) : commandant;

Capitaine de vaisseau (cinq galons en or); commandant;

Contre-amiral (deux étoiles) : amiral;

Vice-amiral (trois étoiles) : amiral.

Dans la marine, on n'emploie pas le mot : « Mon ».

Un lieutenant de vaisseau ou un enseigne qui commande une embarcation est également appelé à bord : « Commandant ».

Les ingénieurs, les médecins, les officiers mécaniciens sont appelés, par leur titre précédé de : « Monsieur le ».

Un civil écrira à un supérieur : « Monsieur ».

On peut aussi écrire : « Cher Monsieur », mais seulement lorsqu'il existe, malgré l'écart des situations, une certaine intimité dans les relations.

Un homme à une femme :

« Madame »;

« Chère Madame »;

« Chère Madame et Amie ».

Même gradation d'une femme à un homme.

A une autorité, on mentionne le titre ou la fonction :

« Monsieur le Ministre »;

« Monsieur le Sénateur »;

« Monsieur le Procureur »;

« Monsieur le Maire ».

Si l'autorité a plusieurs titres, on prend le plus important, à moins que la lettre ne traite une question qui se réfère à une autre de ses qualités.

A un élu qui est à la fois maire et conseiller général, on écrira :

« Monsieur le Conseiller général ».

Mais, si l'objet de la lettre est une question muni-cipale, on écrira :

« Monsieur le Maire ».

FINALES OU FORMULES DE SALUTATIONS

Dans les formules finales des lettres, la politesse est plus accentuée que dans la conversation.

Le ton est celui de la lettre elle-même.

Ces formules sont si nombreuses que je ne puis songer à te les indiquer toutes; je me bornerai à t'en signaler quelques-unes.

A un inconnu, un étranger, un fournisseur, on dira :

« Recevez, Monsieur, mes salutations »;

« Je vous prie, Monsieur, de recevoir mes sincères salutations ».

A un camarade :

« Je vous prie, Mon cher Camarade, de recevoir l'assurance de mes meilleurs sentiments ».

A une personne de rang égal :

« Je vous prie, Monsieur, de recevoir... »

Ou :

« Recevez, Monsieur, l'assurance de mes sentiments distingués »;

« Recevez, Monsieur, l'assurance de mes sentiments très distingués »;

« Recevez, Monsieur, l'assurance de ma considéra-tion la plus distinguée »;

« Recevez, Monsieur, l'assurance de ma parfaite considération ».

A un ami :

« Recevez, Mon cher Ami, une bien cordiale poignée de main »;

« Recevez, Mon cher X..., une nouvelle assurance de ma bien sincère amitié »;

Ou, plus brièvement :

« Bien à vous »;

« Bien cordialement à vous »;

« Bien affectueusement à vous ».

On proteste toujours de son respect à un supérieur et de sa gratitude à une personne dont on est l'obligé.

On les prie « d'agréer » et non plus de « recevoir ».

On « exprime » ses sentiments, on n'en donne pas l' « assurance ».

Ce sont des nuances qu'il importe de bien saisir.

On dira :

« Je vous prie, Mon Colonel, de vouloir bien agréer l'expression de mes sentiments les plus respectueux et les plus dévoués »;

« Veuillez agréer, Mon Capitaine, l'expression de mon respectueux dévouement », ou : « de mes sentiments respectueusement dévoués »

« Veuillez agréer, Monsieur le Directeur, l'expression de mes sentiments très respectueux et très reconnaissants ».

Un homme ne peut se dispenser de témoigner de son respect à une femme :

« Je vous prie, Madame, de vouloir bien agréer mes hommages les plus respectueux »;

« Veuillez agréer, Madame, l'hommage de mon profond respect ».

A une dame amie :

« Recevez, Chère Madame, l'assurance de ma respectueuse et bien sincère amitié ».

A une autorité, on exprime du respect ou de la déférence suivant le rang qu'elle occupe et sa personnalité.

On la prie, suivant le cas, de « vouloir bien agréer », « d'agréer » ou « de recevoir » :

— l'expression de son plus profond respect;

— l'expression de ses sentiments très respectueux:

— l'expression ou l'assurance de ses sentiments très distingués.

Une femme n'exprime son respect qu'à un vieillard ou à un haut dignitaire.

Entre femmes, il n'est question de respect que dans les cas où il existe une différence d'âge et de rang nettement marquée.

Voici quelques formules habituelles allant de la déférence à l'amitié :

« Veuillez agréer, Madame, l'expression de mes sentiments respectueux »;

« Agréez, Chère Madame, l'expression de mes sentiments très distingués »;

« Recevez, Chère Madame, l'assurance de mes meilleurs sentiments »;

« Croyez, Chère Madame, à ma bien sincère amitié ».

Je tiens à te répéter que ces formules sont données à titre d'indication, et qu'elles comportent de nombreuses variantes.

Ce qu'il importe, c'est que la lettre ait de l'unité, c'est-à-dire que l'en-tête, le corps et la finale soient bien dans le même ton.

Correspondance par cartes de visite.

Aujourd'hui, tout le monde a sa carte de visite.

Pour être correcte, une carte doit être simple.

J'ai connu un brave homme qui s'était sans doute imaginé le contraire en adoptant, pour la sienne, un format plus grand que le format ordinaire, afin d'y faire figurer tous ses titres.

Et il en avait !

C'est qu'il était : capitaine honoraire, médaillé militaire, ex-président de plusieurs sociétés et président effectif d'un plus grand nombre encore.

Que de gens se sont amusés, à l'heure du dessert, en se faisant passer cette carte précieusement conservée par un joyeux convive.

La tienne, mon jeune camarade, ne fera pas rire à tes dépens.

Tu adopteras un modèle du genre suivant :

Pierre BRETON

Gendarme

Saint-Malo.

et, si tu es marié :

Monsieur et Madame BRETON

<table><tr><td>Gendarmerie,</td><td>Saint-Malo.</td></tr></table>

et non pas :

Monsieur et Madame BRETON

Gendarme.

Il existe encore des camarades qui ont des cartes ainsi libellées et qui rédigent de la même façon des faire-part de naissance.

Or, si Mme Breton est gendarme, ce ne peut être que dans son intérieur, car elle n'a certainement pas prêté serment avec son mari devant le président du tribunal.

Si l'envoi des cartes de visite au 1er janvier a tendance à passer de mode, encore que ce soit un excellent moyen de ne pas laisser tomber dans l'oubli des personnes avec lesquelles on a plaisir à rester en relations, il est des circonstances où ces cartes sont très utiles.

Par exemple, pour répondre à une invitation, à un faire-part de naissance, de mariage, de décès, à des félicitations, etc.

Dans ces différents cas, on se sert de formules généralement très brèves. En voici quelques-unes :

Pour une invitation :

« Monsieur et Madame X....
remercient Monsieur et Madame Z...... de leur aimable invitation à laquelle ils auront le plaisir de se rendre »;

« Monsieur et Madame X....
remercient Monsieur et Madame Z..... de leur aimable invitation et leur expriment tous leurs regrets de ne pouvoir s'y rendre en raison d'une absence qu'ils doivent faire du... au... ».

Pour une naissance :

« Sincères félicitations, meilleurs vœux pour le bébé »;

« Félicitations bien sincères aux heureux parents, meilleurs vœux pour la jeune Madeleine. »

Pour un mariage :

« Félicitations sincères et vœux de bonheur »;

« Sincères félicitations aux parents, meilleurs vœux de bonheur à l'heureux fiancé ».

Pour un décès :

« Bien sincères condoléances »;

« Monsieur et Madame X....
prient Monsieur et Madame Z..... de vouloir bien
agréer l'expression de leurs sentiments de condoléances »;

« Monsieur et Madame X....
adressent à Monsieur et Madame Z..... ainsi qu'à leur
famille leurs bien sincères condoléances et l'expression de leur vive sympathie ».

Pour répondre à des félicitations :

A un ami :

« Bien sincères remerciements, cordial souvenir. »

A un supérieur :

« Très sensible à vos félicitations, vous prie d'agréer,
avec ses bien vifs remerciements, l'expression de ses
sentiments respectueusement dévoués. »

Si l'inférieur estime qu'il doit non seulement remercier son supérieur mais lui témoigner sa reconnaissance, il ne doit pas hésiter à lui adresser une
lettre.

Voilà, mon jeune Camarade, dans un bref résumé, ce que je tenais à te faire connaître sur un sujet dont tu as certainement compris l'importance.

Je n'ai pas voulu m'étendre davantage pour ne pas abuser de ton attention.

Ayant passé la plus grande partie de mon existence dans nos casernes, je sais quelles sont tes obligations, je sais aussi la somme de qualités qu'il te faut pour accomplir ton devoir et c'est pourquoi je te disais, dès le début de ces « Conseils », qu'ils m'étaient inspirés par la grande affection que j'ai pour toi et le désir de t'être utile.

Chez nous le fond est bon.

Cherchons néanmoins à le rendre meilleur.

Essayons de parfaire la forme.

Augmentons sans cesse nos qualités.

Nous aurons comme première récompense la joie que goûtent tous ceux qui accroissent leur valeur morale et ensuite celle de voir estimer davantage encore l'arme qui nous est si chère et à laquelle nous sommes fiers d'appartenir.

Commandant N...

TABLE

N° 1941. CHARLES-LAVAUZELLE ET Cⁱᵉ. — PARIS, LIMOGES, NANCY. — 1930